**Publicado por Adam Gilbin**

@ Esperanza Casares

Dieta Alcalina: Deliciosas Recetas Alcalinas Para

Poner en Marcha Tu Dieta Y Estar Saludable

**Todos los derechos reservados**

ISBN 978-1-990666-67-4

# TABLE OF CONTENTS

Sopa De Ajo .................................................................. 1

Colazione Triplo Frullato Alle Bacche .............................. 3

Estofado Catalan Alcalino ............................................... 5

Colazione Dolce Di Miglio Con Composta Di Mele ........... 8

Ensalada Vegetariana ................................................... 11

Mousse De Chocolate Con Aguacate ............................. 13

Papas Al Ajo Al Horno ................................................... 14

Batido De Frambuesa Y Tofu ......................................... 16

Sopa De Granos Del Paraíso .......................................... 17

Zuppa Di Funghi Al Cocco .............................................. 19

Minestrones Abundante En Bondad .............................. 21

Ciotola Esotica Di Acai .................................................. 23

Ensalada De Cheeto ...................................................... 25

Palitos De Vegetales Con Salsa De Guacamole .............. 27

Kale And Leeks Sal Ad ................................................... 29

Batido De Mango .......................................................... 32

Sopa De Patata Cremosa ............................................... 33

Latte Calmante All'ashwagandha ................................... 35

Sopa De Vegetales Y Frijoles Alcalina ............................ 36

Avena Da Notte Alcalina Con Mirtilli E Fiocchi Di Cocco 40

Tortilla Suprema ............................................................... 42

Chile .................................................................................. 44

Sopa De Zanahoria Y Jengibre ......................................... 47

Batido De Piña .................................................................. 49

Sopa De Tortilla Con Queso Picante ............................... 51

Insalata Di Mele E Cavoli ................................................. 55

Sopa Tom Yum Alcalina ................................................... 56

Delizioso Porridge Di Noci Di Tigre Con Frutta ............... 59

Pimientos Rellenos De Huevo ......................................... 61

Col Rizada Con Ensalada De Quinoa Servida Con Aderezo De Vinagreta De Limón .................................................... 64

Platanos Al Estilo Foster .................................................. 66

Batido De Col Rizada Y Piña ............................................ 68

Sopa Con Cebolla Y Queso Suizo .................................... 69

Frullato Ai Mirtilli ............................................................. 71

Sopa Alcalina De Tomate Y Aguacate ............................. 72

Farina D'avena Sostanziosa ............................................. 74

Pimientos Rellenos De Verduras ..................................... 76

Batido De Almendras Y Bayas ......................................... 78

Ensalada De Melón ........................................................... 80

Batido De Vegetales Verdes ............................................ 81

Sopa De Calabazas ........................................................... 83

Sopa De Berenjenas Y Zanahoria ................................... 85

Insalata Di Mango E Pomodorini .................................... 88

Tè Difese Immunitarie ..................................................... 90

Sopa De Tortilla ................................................................ 91

Ensalda De Quinoa Alcalina ............................................ 94

Muesli Alcalino Con Noci Di Tigre .................................. 96

Ciotola Di Frullato Fresco Con Granola Fatta In Casa ..... 98

Pizza De Espinacas Con Queso ..................................... 101

Pastel De Espinacas ....................................................... 104

Batido De Plátano, Almendras Y Bayas ....................... 106

Sopa De Zanahorias Y De Puerros ............................... 108

Col Rizada De Ajo ......................................................... 110

Ensalada De Brócoli ...................................................... 111

Batido De Aguacate Y Espinacas ................................... 113

Batido De Pepino .......................................................... 114

Sopa De Pepino, Aguacate Y Calabacín ......................... 116

Patatas Con Chilles ....................................................... 118

Hamburger Ceci E Quinoa ............................................ 120

Ensalada De Col Rizada ................................................ 122

Ensalda De Espinaca Y Ajo Rostisado ........................... 124

Delizioso Budino Di Riso Fatto Con Quinoa E Mandorle
....................................................................................... 126

Muesli Alcalino Con Lamponi ........................................ 128

Huevos Al Horno Con Batatas Y Mozzarella ................. 130

Pasta De Verduras ........................................................ 132

Ensalada De Coles De Bruselas Con Pistachos Y Limón 135

Quiche De Espárragos ................................................... 137

Ensalada De Col Rizada Y Masajes ................................ 140

Ensalada De Quinua Y Garbanzos ................................. 142

## Sopa De Ajo

**Ingredientes:**

- 5 tazas de agua
- 5 hebras de azafrán
- 1 cucharada de paprika
- ¼ cucharadita de comino molido
- 2 huevos grandes
- 3 cucharadas de aceite de oliva extra virgen
- 5 dientes de ajo grandes, pelados
- 2 tazas de caldo de pollo

**Direcciones:**

1. Calentar el aceite en una cacerola a fuego medio. Añadir el ajo y saltear hasta que esté dorado. Retirar y reservar.

2. Vierta el caldo y el agua y agregue el ajo dorado, el azafrán, el pimentón y el comino. Dejar hervir.
3. Retirar el ajo y machacar con un tenedor. Sirva el puré de ajo en la sopa. Poner sal y pimienta al gusto.
4. Hervir la sopa a fuego lento y junto a los huevos batidos.
5. Revuelva constantemente permitiendo que los huevos formen hebras.
6. Colocar en un tazón de sopa. Servir.

## Colazione Triplo Frullato Alle Bacche

**Ingredientes:**

- 1 banana burro, sbucciata
- 1/2 tazza di mirtilli
- 1 tazza di acqua di sorgente
- 1/2 tazza di fragole
- 2 cucchiai di sciroppo d'agave
- 1/2 tazza di lamponi

**Direcciones:**

1. Collegare un robot da cucina o un frullatore ad alta velocità e aggiungere tutti gli ingredienti nel suo barattolo.
2. Coprire il barattolo del frullatore con il suo coperchio e poi pulsare per 40-60 secondi fino ad ottenere un risultato omogeneo.

3. Dividere la bevanda tra due bicchieri e poi servire.

## Estofado Catalan Alcalino

**Ingredientes:**

- 1 cucharada de hojas de tomillo
- 1 cucharada pequeña de hilos de azafrán (opcional)
- 3 hojas de laurel frescas
- 1 tomate de ciruela
- 250 ml de agua o caldo de pescado
- 650 gramos de pescado blanco firme (brema, abadejo, bacalao, rape) fileteado o tofu
- 100 gramos de almendras tostadas molidas
- 1 limón cortado en porciones
- 6 cucharadas de aceite de oliva
- 1 cebolla española grande picada

- 2 bulbos de hinojo cortados
- 1 chile rojo picado finamente
- 1 cucharada de semillas de hinojo molidas
- 2 dientes de ajo molidas
- ½ cucharada pequeña de pimentón dulce en polvo
- Quínoa y verdes primaverales

**Direcciones:**

1. Calienta un poco de agua en una sartén grande y saltea las cebollas, hinojo, chile, granos de hinojos molidos por unos pocos minutos
2. Agrega el pimentón dulce, tomillo, azafrán, hojas de laurel y tomates y cocina hasta que se convierta en una salsa espesa
3. Agrega el caldo de pescado (o agua) y hiérvelo a fuego lento

4. Coloca los pedazos de pescado o de tofu y revuelve con las almendras
5. Calienta por un minuto o dos and sirve con verdes para sazonar y pedazos de limón

## Colazione Dolce Di Miglio Con Composta Di Mele

**Ingredientes:**

- 1 cucchiaino di cannella
- 25 g di scaglie di mandorle
- 100 g di yogurt di soia
- 200 g di miglio
- 1 l di bevanda di soia
- 7 cucchiai di sciroppo d'agave
- 3 mele
- 1 limone biologico

**Direcciones:**

1. Per prima cosa sciacquare il miglio sotto l'acqua calda e poi scolarlo.
2. Versare la bevanda di soia in una casseruola e riscaldare insieme a 5 cucchiai di sciroppo d'agave.
3. Aggiungere il miglio e lasciare in ammollo a fuoco basso per circa 20 minuti. Non dimenticare di mescolare.
4. Nel frattempo, sbucciare la mela e poi dividerla in quarti. Rimuovere i torsoli e tagliare in piccoli pezzi.
5. Lavare il limone e grattugiare una parte della scorza.
6. Poi spremere il limone. In una casseruola mescolare il succo con 2 cucchiai di sciroppo d'agave e la scorza e portare a ebollizione.
7. Poi aggiungere le mele e la cannella e lasciare sobbollire il tutto per circa 5 minuti

8. Mettere le mandorle in una piccola padella senza grasso e tostarle.
9. Mettere il porridge di miglio nei piatti.
10. Poi aggiungere la composta di mele e lo yogurt in una ciotola profonda e guarnire con mandorle e un po' di cannella.

## Ensalada Vegetariana

**Ingredientes:**

- 1 cucharadita de perejil
- 1/2 cucharadita de cebolla en polvo
- 1/2 cucharadita de ajo en polvo
- 2 cucharadas de mayonesa
- 2 cucharadas de crema agria
- 1 cucharada de mostaza de Dijon
- 1 taza de pepino cortado en cubitos
- 1/2 taza de tomates cortados en cubitos
- 3 tazas de lechuga
- 2 tazas de queso suizo en cubos
- 2 huevos duros en rodajas

**Direcciones:**

1. Mezclar la mayonesa, la crema agria, la cebolla en polvo, el ajo en polvo, el perejil, tomates cherry y pepino hasta que estén bien mezclados (este será nuestro aderezo).
2. Mezclar la salsa con el huevo en rodajas, los cubitos de queso y la lechuga romana.
3. Agregue una cucharada de mostaza de Dijon.
4. ¡Disfrute de su comida!

## Mousse De Chocolate Con Aguacate

**Ingredientes:**

- 2 cucharadas de cacao crudo

- 3-5 dátiles

- 1½ cdta de sal marina

- 1½ aguacate

- 2/3 taza de agua de coco recién exprimida

- 1 cucharada de vainilla

**Direcciones:**
1. Mezcle el aguacate con el agua de coco hasta que sea consistente.
2. Agregue la vainilla, el cacao y las dátiles.
3. Continúe mezclando en alto. Agregue sal y mezcle. Sirva y disfrute.

## Papas Al Ajo Al Horno

**Ingredientes:**

- 1 cucharadita de hojas secas de albahaca

- 2 cucharaditas de aceite de oliva

- 4 papas rojas medianas, cortadas en gajos.

- 1 cucharadita de sal de ajo

**Direcciones:**

1. Precaliente el horno a 500 grados F.
2. Cubra una cacerola de 15x10 con aceite en aerosol.
3. Combine las patatas con aceite. Es la mezcla para combinar.
4. Añadir la sal de ajo y la albahaca. Colóquelo en la parte inferior de la sartén.
5. Hornear durante 15 minutos, sin tapar hasta que estén tiernos y crujientes.

6. Agitar la mezcla a medio camino a través de la cocina. Servir.

## Batido De Frambuesa Y Tofu

**Ingredientes:**

- 1 cucharadita de stevia en polvo
- 1½ tazas de leche de almendras sin azúcar
- ¼ taza de cubitos de hielo, triturados
- 1½ tazas de frambuesas frescas
- 6 onzas de tofu sedoso escurrido
- 1/8 cucharadita de extracto de coco

**Direcciones:**

1. Agrega todos los INGREDIENTES: en una licuadora de alta velocidad y licúa hasta que esté suave.
2. Vierte el batido en dos vasos y sirve de inmediato.

## Sopa De Granos Del Paraíso

**Ingredientes:**

- ½ cucharadita de granos recién molidos del paraíso
- ½ cucharadita de cilantro recién molido
- 2 cucharaditas de sal
- 2 cucharadas de aceite de oliva
- ½ cucharadita de comino tostado recién molido
- 1 libra de lentejas, recogidas y enjuagadas
- 1 taza de cebolla picada
- 8 tazas de caldo de pollo
- ½ taza de apio, picado
- ½ taza de zanahoria, picada finamente

**Direcciones:**

1. Verter el aceite de oliva en un horno holandés a fuego medio.
2. Saltear la cebolla, y luego agregar las zanahorias y el apio. Sazonar con sal.
3. Continúe salteando hasta que las cebollas estén flojas.
4. Vierta el caldo de pollo. Agregue los granos del paraíso, las lentejas, el comino y el cilantro.
5. Revuelva la mezcla hasta que todos los INGREDIENTES: se junten. Llevar la mezcla a ebullición.
6. Una vez que esté hirviendo, que lo haga a fuego lento hasta que las lentejas estén tiernas. Apagar el fuego
7. Dejar enfriar unos minutos antes de hacer un puré en una licuadora. Servir.

## Zuppa Di Funghi Al Cocco

**Ingredientes:**

- 1½ tazze di latte di cocco
- ½ cucchiaino di sale marino integrale
- ¼ di cucchiaino di pepe di Caienna
- 2 cucchiai di olio d'uva
- 2 tazze di funghi baby, tagliati a dadini
- ½ tazza di cipolle rosse a dadini
- 1 tazza di brodo vegetale

**Direcciones:**

1. Prendere una casseruola media, metterla a fuoco medio-alto, aggiungere l'olio e, quando è caldo, aggiungere la cipolla, i funghi, salare e pepare, e far cuocere per 3 o 4 minuti fino a quando le verdure diventano tenere.

2. Poi versare il latte e il brodo, mescolare fino ad amalgamare e portare ad ebollizione.
3. Abbassare il fuoco e far sobbollire leggermente la zuppa per 15 minuti fino a quando si è addensata al livello desiderato. Servire subito.

## Minestrones Abundante En Bondad

**Ingredientes:**

- ½ taza de zanahoria

- ¼ de cebolla roja

- 2 clavos de ajo

- ½ taza de frijoles

- 1 cucharada de aceite de coco

- 1 taza de caldo de verdura

- ½ taza de berenjena

- ½ taza de batata

- ½ taza de calabacín

- 1 taza de jugo de tomate (fresco o comprado)

- Sal del Himalaya y pimienta negra

**Direcciones:**

1. Lava y corta las papas, berenjena, y el calabacín y corta la zanahoria y cebolla
2. En una sartén grande, saltea gentilmente estos INGREDIENTES: en el aceite de coco por alrededor de 2 minutos
3. Agrega los frijoles, caldo de verdura y jugo de tomate
4. Cocina a fuego lento por 8-10 minutos
5. Revuélelo con albahaca y sazona al gusto

## Ciotola Esotica Di Acai

**Ingredientes:**

- 50 g di mango maturo

- ½ dragon fruit

- 1 cucchiaino di semi di chia

- 1 cucchiaio di pasta di cacao

- 1 cucchiaio di scaglie di cocco

- ½ banana congelata

- 125 g di frutti di bosco congelati

- 1 cucchiaio di polvere di acai

- 1 cucchiaino di sciroppo d'agave

- 200 ml di bevanda alla mandorla non zuccherata

**Direcciones:**

1. Prendere un buon frullatore e aggiungere la banana congelata, i frutti di bosco congelati, la polvere di acai, lo sciroppo di agave e la bevanda alle mandorle.
2. Frullare tutti gli ingredienti fino ad ottenere una consistenza cremosa.
3. Aggiungere un po' più di latte di mandorle a seconda della consistenza.
4. Ora sbucciare il mango e tagliarlo a piccoli cubetti.
5. Poi lavare il dragon fruit, tagliarlo in quarti e poi tagliarlo ancora più piccolo.
6. Ora versare la purea in una ciotola più grande e guarnire con il mango, il dragon fruit a fette, i semi di chia, i fiocchi di cacao e le scaglie di cocco.
7. La ciotola è perfetta per una colazione estiva!

## Ensalada De Cheeto

**Ingredientes:**

- 3 huevos duros y en rodajas

- 120 g de queso suizo cortado en trozos pequeños

- 3 tazas de lechuga romana picada

- 1/2 taza de tomates cherry cortados por la mitad

- 1 taza de pepino cortado en cubitos

- 2 cucharadas de crema

- 2 cucharadas de mayonesa

- 1/2 cucharadita de ajo en polvo

- 1/2 cucharadita de cebolla en polvo

- 1 cucharadita de perejil

**Direcciones:**

1. En un tazón pequeño, mezcle la crema, la mayonesa y las hierbas para crear el aderezo.
2. Coloque el pepino, los tomates, la lechuga, el huevo y el queso suizo en un plato.
3. Vierta el aderezo creado en el paso 1 sobre la ensalada creada en el paso 2, mezcle todo junto
4. ¡Disfrute de su comida!

## Palitos De Vegetales Con Salsa De Guacamole

**Ingredientes:**

- 2 cucharaditas de jugo de limón recién exprimido
- 2 cucharaditas de jalapeño cortado en cubitos
- 2 cucharadas de cilantro finamente picado
- 2 dientes de ajo picados
- ½ cucharadita de sal marina
- 2 aguacates
- 2 cucharadas de tomate de ciruela, finamente picado
- 2 cucharaditas de cebolla blanca picada

**Direcciones:**

1. En un recipiente, mezcle el cilantro, la cebolla y el jalapeño y agregue la sal.
2. Usando una cuchara grande, machaque los INGREDIENTES: .
3. Agregue los aguacates a los INGREDIENTES: en puré y con un tenedor, mezcle los aguacates con la mezcla.
4. No tiene que machacar bien los aguacates; deberían ser lo suficientemente suaves para mezclarse con los INGREDIENTES: .
5. Agregue los tomates finamente picados, el jugo de lima y la sal al gusto.
6. Sirva con la mezcla de sus palitos de vegetales en un lado. ¡Disfrute!

## Kale And Leeks Sal Ad

**Ingredientes:**

**Para la ensalada**

- 2 tallos de apio, picados
- ½ hojas de cupcilantro, rasgadas
- 1/2 taza de semillas de calabaza, asadas
- 2 puerros, picados
- 6 tazas de col rizada , rallado
- ½ hojas de cupmint, rasgadas
- ½ hojas de cupbasil, rasgadas

**Para el aderezo**

- 2 gotas de aceite de chile, opcional
- 1 chile plátano, picado

- 1 cucharada de azúcar de palma, desmenuzada

- 2 dientes de ajo machacados

- 1 chile verde, picado aproximadamente

- Pizca de sal

- Pizca de pimienta blanca

**Direcciones:**

1. Vierta los INGREDIENTES: del aderezo en una botella pequeña con tapa hermética.
2. Agitar bien hasta que la sal y el azúcar se disuelvan. Gusto; ajustar el condimento si es necesario. Dejar de lado.
3. Excepto las semillas de calabaza, coloque los INGREDIENTES: de la ensalada en un tazón grande.
4. Rociar en la mitad del aderezo; tirar bien
5. Cucharear porciones iguales en platos.

6. Agregue más aderezo si lo desea; espolvorear las semillas de calabaza en la parte superior. Servir inmediatamente.

## Batido De Mango

**Ingredientes:**

- 2 cucharadas de jugo de limón fresco
- 1¼ tazas de leche de almendras sin azúcar
- ¼ taza de cubitos de hielo
- 2 tazas de mango congelado, pelado, sin semilla y picado
- ¼ taza de mantequilla de almendras
- Una pizca de cúrcuma molida

**Direcciones:**

1. Agrega todos los INGREDIENTES: en una licuadora de alta velocidad y licúa hasta que esté suave.
2. Vierte el batido en dos vasos y sirve de inmediato.

## Sopa De Patata Cremosa

**Ingredientes:**

- ½ taza de queso cheddar, rallado
- ¼ taza de crema agria, grasa reducida
- 4 cucharaditas de cebollas verdes, en rodajas finas
- ½ cucharadita de sal
- ¼ cucharadita de pimienta negra molida fresca
- 4 papas
- ½ taza de cebolla picada
- 2 tazas de leche baja en grasa, dividida
- 1 ¼ tazas de caldo de pollo, bajo en sodio, sin grasa

- 3 cucharadas de harina para todo uso

- 2 cucharaditas de aceite de oliva

**Direcciones:**
1. Coloque las papas dentro del horno de microondas y caliente por 1 minuto, o hasta que estén tiernas.
2. Dejar enfriar antes de cortar por la mitad.
3. Mientras tanto, vierta el aceite de oliva en una sartén. Una vez caliente, saltear la cebolla durante 2 minutos. Vierta el caldo de pollo.
4. En una olla, juntar la harina y la leche.
5. Deje hervir mientras revuelve continuamente.
6. Condimentar con sal y pimienta. Retirar del fuego, y luego agregar la crema agria.
7. Pelar las papas y triturarlas en la sopa. Adorne la sopa con cebolla verde y queso. Servir.

## Latte Calmante All'ashwagandha

**Ingredientes:**

- 1 cucchiaio di burro di mandorle
- 1 cucchiaino di sciroppo d'acero
- 1 tazza di latte di mandorla
- 1 cucchiaino di polvere di radice o foglie di Ashwagandha

**Direcciones:**
1. Fai sobbollire tutti gli ingredienti per 5 minuti.
2. Versa il latte in una tazza preriscaldata passata leggermente sotto il rubinetto dell'acqua calda per mantenere la bevanda calda.

## Sopa De Vegetales Y Frijoles Alcalina

**Ingredientes:**

- 2-3 dientes de ajo

- 60 gramos de pan germinado del día anterior (o alguna alternativa más saludable)

- 1-2 ramitas de romero

- 4 cucharadas de aceite de oliva

- 1 litro de caldo de verdura libre de levadura (orgánico si es posible)

- 1 lata de frijoles blancos pre-cocidos

- 1 cebolla roja

- 250 gramos de vegetales verdes (una selección de repollo verde, espinaca y Rúcula funcional realmente bien)

- 1 zanahoria

- 1 vara de apio

- Sal marina celta o sal del Himalaya

- Pimienta negra recién molida

**Direcciones:**

1. Lava los vegetales verdes y córtalos. Pela la zanahoria, lava la vara de apio y corta ambos en tiras y luego en pequeños cubos. Pela los dientes de ajo y córtalos en pedazos muy finos.
2. Corta el pan germinado en partes con formas de cubo.
3. Lava las ramitas de romero, quítales las agujas y córtalas en pedazos pequeños
4. Calienta gentilmente 1 cucharada de aceite en una cacerola grande.
5. Agrega la zanahoria, el apio y el ajo y fríelos muy brevemente en el aceite.

6. Revuelve el resto de los vegetales juntos con el romero
7. Agrega el pan y el caldo y deja que caliente. Reduce el fuego a media medida y cobre la cacerola con una tapa.
8. Cocina los vegetales por alrededor de 15 minutos hasta que empiecen a ablandarse.
9. Drena los frijoles enlatados en un colador y deja que el agua corra a través de ellos hasta que toda el agua haya sido drenada fuera de ellos.
10. Agrega los frijoles a la sopa y déjalos cocinar alrededor de 25 minutos mientras lo revuelves ocasionalmente.
11. La idea es que la sope se espese. Prueba la sopa sazónala al gusto con sal y pimienta
12. Aquí tienes dos opciones: puedes dejar la sopa a que se enfríe y gentilmente recalentar como lo hacen los italianos o pelar las cebollas

justo después de cocinarla y cortarla en tiras muy finas.

13. Pon las tiras de cebollas in un pequeño plato y pon la cacerola de sopa directamente en la mesa.
14. Toma tanta Ribollita como quieras rocía sobre las tiras de cebolla y pon encima unas gotas de aceite de oliva.
15. ¡Buon appetito!

## Avena Da Notte Alcalina Con Mirtilli E Fiocchi Di Cocco

**Ingredientes:**

- 5 cucchiai di fiocchi d'avena
- 3 cucchiai di fiocchi di cocco
- 150 g di yogurt (alternativa vegetale)
- 150 ml di latte di cocco
- 1 cucchiaio di sciroppo
- 100 g di mirtilli
- 2 cucchiai di semi di zucca

**Direcciones:**

1. Per prima cosa mescolare in una ciotola i fiocchi d'avena, i fiocchi di cocco, lo yogurt, il latte di cocco e lo sciroppo.

2. Poi aggiungere metà dei mirtilli e lasciare raffreddare per almeno 2 ore.
3. Sarebbe ancora meglio metterlo in frigo per tutta la notte.
4. Mettere la colazione in due bicchieri.
5. Guarnire i bicchieri con i mirtilli rimanenti, con alcuni semi di zucca e le scaglie di cocco rimanenti. Buon appetito!

## Tortilla Suprema

**Ingredientes:**

- 1 taza de champiñones en rodajas
- 1/2 taza de pimientos rojos cortados en cubitos
- 1/2 taza de cebollas picadas
- 2 cucharaditas de perejil picado
- 4 huevos
- 1 taza de espinaca fresca (picada)
- 1 cucharadita de ajo en polvo
- 1 cucharada de aceite de oliva virgen extra
- Sal kosher y pimienta negra molida al gusto

**Direcciones:**

1. Rompe los huevos en un bol, usa un batidor para batir las yemas con las claras.
2. Agrega las espinacas, el ajo en polvo, la sal y la pimienta al gusto. Usa el batidor para mezclar todos los INGREDIENTES: y reserva.
3. Calentar el aceite de oliva virgen extra en una sartén a fuego medio-alto.
4. Agrega los champiñones, los pimientos rojos y la cebolla y sofríe durante 4 minutos.
5. En este punto, agregue la mezcla obtenida en el paso 2 a la sartén y cocine por otros 4 minutos (2 minutos por lado).
6. Sirva adornado con perejil fresco picado.
7. ¡Disfrute de su comida!

## Chile

**Ingredientes:**

- 1 cucharadita de chile en polvo
- 1 tomate cortado en cubitos
- ¼ taza de cilantro picado
- ¼ taza de zanahorias cortadas en cubitos
- ½ taza de cebolla roja cortada en cubitos
- ¼ taza de apio cortado en cubitos
- ¼ de taza de calabacín cortado en cubitos
- ½ aguacate cortado en cubitos
- 2 dientes de ajo picados
- 2 cebollines cortados en cubitos
- 1 cucharadita de jalapeño cortado en cubitos

- 5 hojas de albahaca picadas

- 2 tazas de tomates picados

- ½ cucharadita tomillo

- 2 tazas de tomate empapado y secado al sol

- ½ cucharadita de tomillo

- ½ cucharadita de salvia

- 1 taza de tomates cherry

- 1 cucharadita de comino

- 1 cucharadita de pimentón en polvo

- 1 cucharadita de polvo de chipotle

- Sal al gusto

**Direcciones:**

1. Coloque todos los diferentes tipos de tomates en un procesador de alimentos y corte los tomates.
2. Cambie el procesador de alimentos a "mezclar" y agregue todas las verduras, el ajo, jalapeño, cilantro y otras especias en polvo.
3. Mezcle la mezcla hasta que sea lo suficientemente consistente.
4. Vierta en un recipiente y deje reposar la mezcla durante una hora.
5. ¡Sirva con el aguacate y las cebolletas como guarnición y disfrute!

## Sopa De Zanahoria Y Jengibre

**Ingredientes:**

- 1 taza de crema de coco
- 3 tazas de agua
- 1 cucharada de miel cruda
- Pizca de sal marina
- 4 zanahorias, peladas y picadas
- 1 cucharada de ajo, picado
- ½ cucharadita de cúrcuma en polvo
- 1 cucharada de jengibre, picado

**Direcciones:**

1. Coloque las zanahorias picadas, el ajo y el jengibre en una cacerola y vierta agua.

2. Sazone la mezcla con sal, polvo de cúrcuma y miel y revuelva.
3. Ponga la estufa en medio-alto y deje que la sopa hierva a fuego lento durante 30 minutos o hasta que las zanahorias estén tiernas. Apagar el calor
4. Coloque una taza de inmersión en la cacerola y mezcle la sopa hasta que esté cremosa.
5. Vierta la crema de coco y el jugo de limón en la sopa y revuelva.
6. Deje que la sopa se enfríe completamente antes de colocarla en el refrigerador. Servir frío.

## Batido De Piña

**Ingredientes:**

- 1 cucharadita de suplemento de apoyo inmunológico natural *
- 1 cucharadita de semillas de chía
- 1½ tazas de té verde frío
- ½ taza de hielo picado
- 2 tazas de piña picada
- ½ cucharadita de jengibre fresco, pelado y picado
- ½ cucharadita de cúrcuma molida

**Direcciones:**

1. Agrega todos los INGREDIENTES: en una licuadora de alta velocidad y licúa hasta que esté suave.

2. Vierte el batido en dos vasos y sirve de inmediato.

## Sopa De Tortilla Con Queso Picante

**Ingredientes:**

- ½ taza de cilantro fresco, picado
- 4 tortillas de maíz de 6 pulgadas cortadas en tiras
- 2 tazas de papas rojas, en cubos
- 1 huevo grande, batido
- 1/3 taza de migas de pan
- ½ taza de queso, rallado
- 3 tazas de caldo de pollo
- ¼ taza de queso cheddar, rallado
- 2 tazas de agua
- 1 chile chipotle, picado

- 1 libra de solomillo
- ¾ cucharadita de sal, dividida
- 1 cucharada de aceite de oliva
- 1 pimiento rojo, picado a lo largo
- 2 chiles jalapeños, cortados a lo largo
- 2 tazas de cebolla picada
- 2 orejas de maíz en la mazorca
- 1 taza de zanahorias, en rodajas
- 6 dientes de ajo, picados
- Spray para cocinar

**Direcciones:**
1. Precaliente el asador.
2. Mientras tanto, cubra el jalapeño y los pimientos en una bandeja para hornear con la piel hacia arriba.

3. Asar durante 6 minutos hasta que se ennegrezca. Transferir los pimientos en una bolsa. Dejar reposar durante 15 minutos. Picar los jalapeños y picar la pimienta. Cortar el maíz de las mazorcas. Dejar de lado.
4. Ponga las tiras de tortilla en la bandeja para hornear. Cubra con el spray de cocina. A la parrilla durante 3 minutos, dando vuelta una vez. Dejar de lado.
5. En un tazón, combine el solomillo molido, las migas de pan, el chile chipotle, el diente de ajo, el huevo y la sal. Batir hasta que todos los INGREDIENTES: se junten. Forma en albóndigas.
6. Vierta el aceite en una sartén. Una vez caliente, cocine las albóndigas hasta que se doren por completo. No llene la olla. Transfiera a un plato.
7. Agregue los dientes de ajo, la cebolla, el pimiento, las zanahorias y las papas a la

sartén. Cocinar durante 5 minutos. Vierta 2 tazas de agua y caldo. Cocine hasta que todas las verduras estén tiernas.

8. Vuelve a poner las albóndigas en la sartén. Sazonar con sal. Añadir el maíz. Dejar cocer a fuego lento durante 5 minutos más.
9. Para servir, servir en tazones. Adorne con quesos y cilantrio. Servir con tiras de tortilla.

## Insalata Di Mele E Cavoli

**Ingredientes:**

- 2 cucchiai di olio d'oliva

- 1 cucchiaio di nettare di agave

- Sale marino integrale, se necessario

- 3 mele grandi, tagliate a fette

- 6 tazze di cavolo cappuccio fresco

- ¼ di tazza di noci, tritate

**Direcciones:**

1. In un'insalatiera, mettere tutti gli INGREDIENTES: e mescolare per ricoprire bene con il condimento.
2. Servire immediatamente.

## Sopa Tom Yum Alcalina

**Ingredientes:**

- 2 hojas de lima Keffir

- 2 dientes de ajo

- 2 tomates picados en cuatro partes

- Un puñado de cilantro

- Amino liquido Braggs o salsa de soya (Bragg es mas alcalino)

- 1 rama de hierva de limón

- 1-2 chiles rojos

- ½ cebolla marrón cortada en pedazos grandes

- Una cantidad pequeña, dos tiras de malanga

- Una cantidad similar de jengibre fresco

- 600 ml de caldo de vegetales

**Direcciones:**

1. Primero, prepara todos los sabores.
2. Corte algunas tiras finas de jengibre y galanla, corta el tallo del chile y aplástalo con la parte plana del cuchillo (no necesitas cortarlo), corta el limón de hierva en pedazos de 1.5 pulgadas y aplástalos.
3. Aplasta el ajo y rasga las horas de lima en dos. A este punto ya debes sentir los diferente olores
4. Ahora agrega todas esas piezas llenas de sabor en una cacerola y viérteles el caldo y la cebolla.
5. Una vez que empiece a hervir agrégale el tofu. 2 minutos después agrégale el tomate y un minuto después añádele el cilantro y brotes de frijoles si así lo quieres, luego remueve del fuego y sirve inmediatamente
6. La sopa debería estar caliente y deliciosa.

7. Si la quieres más dulce y estas más que feliz de que sea menos del 100% alcalina, puedes agregarle una pizca de azúcar morena. Sazónalo con sal y pimienta.

## Delizioso Porridge Di Noci Di Tigre Con Frutta

**Ingredientes:**

- 1 banana
- 1 cucchiaio di semi di chia
- 1 cucchiaio di semi di lino macinati
- 4 cucchiai di noci di tigre macinate
- 150 ml di acqua calda
- Noci a piacere
- Se si desidera, aggiungere altre guarnizioni come fiocchi d'avena, fiocchi di cocco o purea di noci.

**Direcciones:**
1. Per prima cosa far bollire l'acqua nel bollitore.
2. Poi schiacciare la banana in una piccola ciotola.

3. Si possono poi aggiungere le noci di tigre. Poi aggiungere l'acqua, mescolando costantemente.
4. Poi aggiungere i semi di chia, i semi di lino e le noci.
5. Lasciare il tutto in infusione per circa 20 minuti. Infine, è possibile guarnire il porridge di noci di tigre come si desidera.

## Pimientos Rellenos De Huevo

**Ingredientes:**

- 1/4 taza de cebolla morada picada

- 2 jalapeños

- 3 cucharadas de jugo de lima

- 1 cucharada de pimentón ahumado en polvo

- 1 diente de ajo

- 1 cucharadita de semillas de comino molidas

- 1 cucharadita de orégano seco

- Una pizca de sal del Himalaya

- 1/4 taza de cilantro recién picado

- 6 huevos

- 3 pimientos (rojos o amarillos cortados por la mitad)

- 2 aguacates Hass medianos (pelados, sin hueso y cortados por la mitad)

- 1 taza de tomates (pelados y cortados en cubitos)

**Direcciones:**

1. Precalienta el horno a 190 ° C y cubre una bandeja para hornear con papel pergamino.
2. Coge un bol, rompe los huevos y batirlos añadiendo sal y pimienta.
3. Después de limpiarlos, corte los jalapeños en trozos.
4. Agregue el aguacate al bol para huevos, junto con 2 cucharadas de jugo de limón, tomate, jalapeños, cebolla morada, sal y las especias restantes (excepto el cilantro).

5. Mezcle todo con un machacador de papas o un tenedor hasta que el contenido esté completamente mezclado.
6. Rellena la mitad del pimiento con la mezcla obtenida en el paso anterior.
7. Transfiera las 6 mitades rellenas de pimiento a la sartén y cocine por 30 minutos.
8. Una vez fuera del horno, decora los pimientos con el resto del jugo de lima y cilantro.
9. ¡Disfrute de su comida!

## Col Rizada Con Ensalada De Quinoa Servida Con Aderezo De Vinagreta De Limón

**Ingredientes:**

- 3 cucharadas de jugo de limón recién exprimido
- ¼ taza de aceite de olive
- 1/4 taza de vinagre de sidra de manzana
- ½ taza de almendras rebanadas
- ½ taza de semillas de arilos de Granada
- ½ taza de semillas de quinoa cocinadas (hervidas)
- 4 tazas de col rizada
- Ralladura de limón

**Direcciones:**

1. Para preparar el aderezo, mezcle el vinagre de sidra de manzana, el aceite de oliva, el jugo de limón y la ralladura de limón en un tazón pequeño y déjelos a un lado.
2. Prepare la ensalada colocando la col rizada en un tazón grande y cubra con quinoa, aguacate, almendras y semillas de granada.
3. Mezcle la ensalada. ¡Sirva y disfrute!

## Platanos Al Estilo Foster

**Ingredientes:**

- ½ cucharadita de canela molida
- 4 cucharadas de azúcar de confitería
- 1 cucharadita de extracto de vainilla
- 4 plátanos maduros, cortados en trozos pequeños en forma de d
- 3 cucharadas de miel
- ¼ taza de aceite de oliva

**Direcciones:**

1. Combine 1/2 cucharadita de canela molida y azúcar de repostería en una fuente para hornear. Mezclar bien.
2. Sumergir los lados de la prohibición ana en la mezcla. Dejar de lado.

3. En una sartén, calentar el aceite de oliva.
4. Cocine los plátanos por 3 minutos o hasta que estén dorados.
5. Cocer en tandas y repartir entre los platos de postre.
6. En un bol, combinar el extracto de vainilla y la miel. Vierta la salsa sobre los plátanos cocidos. Servir.

## Batido De Col Rizada Y Piña

**Ingredientes:**

- 1 taza de leche de coco sin azúcar
- ½ taza de jugo de naranja fresco
- ½ taza de hielo
- 1½ tazas de col rizada fresca, cortada y picada
- 1 banana congelada, pelada y picada
- ½ taza de trozos de piña fresca

**Direcciones:**
1. Agrega todos los INGREDIENTES: en una licuadora de alta velocidad y licúa hasta que esté suave.
2. Vierte el batido en dos vasos y sirve de inmediato.

## Sopa Con Cebolla Y Queso Suizo

**Ingredientes:**

- ¼ taza de vino blanco seco
- ½ cucharadita de azúcar
- 8 tazas de caldo de res, con poca sal
- ½ cucharadita de sal
- ½ cucharadita de pimienta negra recién molida
- 2 cucharaditas de aceite de oliva
- 8 rebanadas de queso suizo, reducido en grasa, reducido en sodio
- 4 tazas de cebolla roja, en rodajas finas
- 4 tazas de cebolla dulce, en rodajas finas
- ¼ cucharadita de tomillo fresco, picado

**Direcciones:**

1. Precaliente el asador.
2. Mientras tanto, vierta el aceite de oliva en un horno holandés.
3. Añadir las cebollas. Saltear hasta que estén tiernos. Sazone con azúcar, sal y pimienta.
4. Cocine por 20 minutos a fuego lento mientras revuelve con frecuencia.
5. Una vez que las cebollas tengan un color marrón dorado, vierta un vino blanco seco, caldo de res y tomillo. Dejar cocer a fuego lento durante 30 minutos.
6. Colocar en un molde para pan de jalea. Poner la sopa en cada tazón. Coloque una rodaja de queso encima.
7. Asar hasta que el queso comience a dorarse. Servir.

## Frullato Ai Mirtilli

**Ingredientes:**

- 1/4 di tazza di quinoa cotta
- 2 cucchiai di zucchero di datteri
- 1 tazza di latte di noci, fatto in casa
- 1/2 tazza di mirtilli
- 1 banana burro, sbucciata

**Direcciones:**

1. Collegare un robot da cucina o un frullatore ad alta velocità e aggiungere tutti gli ingredienti nel suo contenitore.
2. Far frullare per 40-60 secondi fino ad ottenere un risultato omogeneo.
3. Dividere la bevanda tra due bicchieri e poi servire.

## Sopa Alcalina De Tomate Y Aguacate

**Ingredientes:**

- 1 cebolla de primavera
- ¼ taza de almendras molidas (molidas por ti mismo, no en paquetes)
- 1 taza de caldo de verdura suiza
- ¼ cucharada pequeña de semilla de eneldo
- Una pizca de mienta de chile
- 5 tomates maduros y grandes (preferiblemente de árbol)
- 1 aguacate maduro
- Sal del Himalaya y pimienta negra molida al gusto

**Direcciones:**

1. Lava y drena los vegetales. Pela las zanahorias y córtalas en rebanadas.
2. Corta el cebollín en varas gruesas. Ceca las hojas de espinacas y déjalas reposar en un plato llano
3. Coloca el aceite de oliva en un plato amplio aprueba de horno a fuego lento.
4. Añade las zanahorias y pimientos, y sazona con pimienta y sal al gusto.
5. Cubre el plato y cocina gentilmente por alrededor de 30 minutos o hasta que los vegetales estén tiernos
6. Revuelve el calabacín y cubre de nuevo y cocina por alrededor de 10 minutos.
7. El calabacín debería ser tierno pero aun tener su color
8. Para servir coloca la ensalada aún caliente con sus jugos sobre las hojas de espinacas

# Farina D'avena Sostanziosa

**Ingredientes:**

- ½ cucchiaino di paprika piccante in polvere
- Sale, pepe e noce moscata a piacere
- Verdure fresche a scelta
- 75 g di fiocchi d'avena teneri
- 300 ml di zuppa di pomodoro
- 1 cucchiaino di aglio tritato finemente
- Guarnizione a scelta (ad esempio noci o erbe fresche)

**Direcciones:**

1. Mettere i fiocchi d'avena insieme alla zuppa di pomodoro in una casseruola e portare a ebollizione.

2. Poi lasciare sobbollire a fuoco medio finché non diventa una consistenza cremosa.
3. Ora aggiungere tutte le spezie e l'aglio.
4. Riempire una ciotola e guarnire con verdure fresche e altri alimenti a scelta.

## Pimientos Rellenos De Verduras

**Ingredientes:**

- 3 cucharadas de mostaza de Dijon
- 1/4 cucharadita de sal
- 1/2 cucharadita de pimienta negra
- 1 chalota en rodajas
- 1/2 pepino cortado en cubos y limpio
- 1/2 taza de yogur griego entero
- 2 cucharadas de vinagre de vino
- 1/4 taza de perejil fresco picado
- Apio lavado y cortado en cubitos
- Una taza de tomates cortados en cubitos

- Se han limpiado tres pimientos verdes y se han cortado por la mitad

**Direcciones:**

1. En un bol, mezcle el yogur, el vinagre de vino, la mostaza, la sal, la pimienta y el perejil en un bol.
2. Agregue el apio, los tomates, las chalotas, los pepinos y mezcle suavemente.
3. Use una cuchara para rellenar los pimientos partidos por la mitad con esta mezcla.
4. ¡Disfrute de su comida!

## Batido De Almendras Y Bayas

**Ingredientes:**

- 1 lima recién exprimida
- 1 gran manojo de col rizada
- ½ cucharadita de vainilla
- 1 cucharada de mantequilla de almendras crudas
- ½ taza de fresas congeladas
- 1 taza de moras congeladas
- 1 ½ taza de leche de almendras
- 2 cucharadas de aceite de coco

**Direcciones:**

1. Mezcle la col rizada en la leche de almendras y permita alcanzar la consistencia deseada.

2. Mezcle las bayas y las fresas, el aceite de coco, la lima, la col rizada, la vainilla y la mantequilla de almendras.
3. Continúe mezclando hasta que prepare un batido. Sirva en vasos altos y disfrute.

## Ensalada De Melón

**Ingredientes:**

- ¼ taza de semillas de sandía, asadas
- 1 taza de melón, en cubos
- 1 taza de sandía amarilla, en cubos
- 1 taza de sandía, en cubos
- 1 taza de melón, en cubos

**Direcciones:**

1. Excepto la sal marina, coloque los INGREDIENTES: restantes en un tazón; Añadir en gelatina en rodajas. Mezcle suavemente para combinar.
2. Sirva porciones iguales en tazones; Decorar con semillas de sandía si se usa. Servir.

## Batido De Vegetales Verdes

**Ingredientes:**

- 1 taza de espinacas frescas en trozos
- 2 cucharadas de jugo de lima fresco
- 2 cucharadas de caldo de vegetales casero
- 1 taza de agua alcalina
- 1 aguacate mediano pelado, sin semilla y picado
- 1 pepino grande pelado y picado
- 2 tomates frescos picados
- 1 pimiento verde pequeño, sin semillas y picado

**Direcciones:**

1. Agrega todos los INGREDIENTES: en una licuadora de alta velocidad y licúa hasta que esté suave.
2. Vierte el batido en vasos y sirve de inmediato.

## Sopa De Calabazas

**Ingredientes:**

- 2 cucharadas de cebolletas frescas, rebanadas

- 2 ½ tazas de caldo de pollo, menos sal

- ¼ cucharadita de sal

- Pizca de pimienta

- 1 cucharada de aceite de oliva

- 4 tazas de calabazas, en cubos

- 4 chalotes, a la mitad

- ½ pulgada de jengibre fresco, pelado, cortado en rodajas finas

**Direcciones:**
1. Precaliente el horno a 375 grados.

2. Mientras tanto, junte la calabaza, los chalotes, el jengibre, la sal y el aceite de oliva en una sartén. Mezcle bien para combinar. Hornear durante 50 minutos. Dejar enfriar unos minutos.
3. Coloque la mitad de la mezcla de calabaza y la mitad del caldo en una licuadora. Procesar hasta que quede suave.
4. Vierta la mezcla en la olla. Cocinar durante 5 minutos. Decorar con cebollino y pimiento. Servir.

## Sopa De Berenjenas Y Zanahoria

**Ingredientes:**

- 1 cucharadita de cilantro molido
- 1 cucharadita de paprika
- ½ cucharadita de comino molido
- Jugo de ½ limón
- Jugo de ½ naranja
- 2 pintas de papel de cualquier tipo.
- 3 zanahorias, picadas
- 1 cucharada de puré de tomate
- Dos latas de tomates, picados
- 2 berenjenas, peladas y picadas.
- 2 cebollas, picadas

- 2 tallos de apio, en rodajas finas
- 2 dientes de ajo, picados
- 3 tomates, picados
- Pizca de chiles secos
- Pizca de sal
- Pizca de pimienta

**Direcciones:**

1. En una cacerola de fondo grueso, combine las berenjenas, la cebolla, el apio, el ajo, los tomates, los chiles, el cilantro, el pimentón, el comino, los jugos y el caldo.
2. Tapar y dejar cocer a fuego lento durante 5 minutos.
3. Agregue las zanahorias y vierta más caldo. Cocinar durante 2 minutos.
4. Agregue el puré y los tomates enlatados.

5. Condimentar con sal y pimienta. Dejar cocer a fuego lento hasta que todas las verduras estén tiernas.
6. Haga un puré con la sopa en una licuadora y devuélvala a la cacerola. Cocinar a fuego lento y servir.

## Insalata Di Mango E Pomodorini

**Ingredientes:**

- ½ peperone verde, senza semi, affettato
- Un pizzico di sale marino integrale
- ¼ di cucchiaino di pepe di Cayenna
- ¼ di lime, spremuto
- 1 mango, sbucciato, denocciolato e tagliato a cubetti
- ¼ di cipolla, tritata
- ½ tazza di pomodori ciliegini, tagliati a metà
- ½ cetriolo, senza semi, affettato

**Direcciones:**

1. Prendere una ciotola media, metterci i pezzi di mango, aggiungere la cipolla, i pomodori, il

cetriolo e il peperone e poi irrorare con il succo di lime.
2. Condire con sale e pepe di cayenna, mescolare fino a combinare, e lasciare riposare l'insalata in frigorifero per un minimo di 20 minuti.

## Tè Difese Immunitarie

**Ingredientes:**

- 1 cucchiaino di polvere di tiglio

- 1 tazza di acqua di sorgente

**Direcciones:**

1. Far bollire la polvere di tiglio in un bollitore con acqua di sorgente per 5 minuti.
2. Filtrare e servire

## Sopa De Tortilla

**Ingredientes:**

- 1 tomate
- ½ puñado de cilantro
- 2 puñados grandes de espinaca
- 2 dientes de ajo
- 1 lima
- 1 maíz en la mazorca (alrededor de 4 pulgadas)
- 1 chile/jalapeño a tu gusto
- 500 ml de agua (alcalina)
- 2 cucharadas pequeñas de caldo de verdura o un cubo de caldo de vegetal libre de levadura

- 1 un aguacate maduro

- ½ pimiento rojo

- Una pizca de pimienta negra y de sal del Himalaya (o de sal del mar celta)

- Un envoltorio de tortilla germinado

**Direcciones:**

1. Corta tu tortilla en rebanadas de 1 cm de ancho por 5 cm de largo y tuéstalo en la parrilla
2. Hierve el agua alcalina en una sartén grande y disuelve el cubo de caldo de vegetales para hacer un caldo de verdura
3. Corta los pimientos y tomates y rasga el cilantro
4. Pela y pica el aguacate
5. Rebana el ajo
6. Rebana el chile o jalapeño a tu gusto

7. Lava y corta la espinaca y seca con una toalla de té
8. Ahora finalmente prepara el maíz rebanando los granos de la mazorca con un cuchillo afilado
9. Pon todo en el caldo y cocina

## Ensalda De Quinoa Alcalina

**Ingredientes:**

- 1 aguacate
- 1 remolacha
- Un puñado de guisantes bebes
- Un puñado de albahaca
- Una buena pizca de hojas de salvia
- Una pizca de sal saludable (Celta, Himalaya, etc.)
- 15 tomates cherry
- 1 porción de quínoa
- 1 zanahoria
- Una piza de pimienta negra

- Un aderezo de aceite de oliva con jugo de limón

**Direcciones:**

1. Mezcla una parte de quínoa en 5 partes de agua, ponlo a hervir y llévalo a fuego lento hasta que el agua sea absorbida
2. Cocina al vapor los guisantes bebes por algunos minutos y luego ponlos aparte
3. Ralla o usa un rebanador espiral para la zanahoria y la remolacha en un bol
4. Rebana tu aguacate como gustes y luego agrega todo en un bol grande con las hiervas
5. Corta los tomates a la mitad, rocía con aceite de oliva y coloca a la parrilla por unos 5 minutos
6. Mézclalo todo en un bol grande y agrega el aderezo de aceite de oliva y jugo de limón

## Muesli Alcalino CON Noci Di Tigre

**Ingredientes:**

- 1 cucchiaio di semi di lino
- 1 cucchiaino di succo di limone
- 50 ml di acqua
- 1 Mela
- 1 banana
- 2 cucchiai di noci di tigre macinate

**Direcciones:**

1. Mescolare prima i semi di lino e le noci di tigre e versare l'acqua calda sulla miscela. Si possono aggiungere cannella o altre spezie a piacere.
2. Mettere la banana in una ciotola e schiacciarla con una forchetta. Poi grattugiare finemente

la mela e aggiungerla. Spremere appena il succo di limone e versare sopra.

3. Mettere tutto in una piccola ciotola e il delizioso muesli alcalino è pronto. A piacere si può anche aggiungere della frutta secca.

## Ciotola Di Frullato Fresco Con Granola Fatta In Casa

**Ingredientes:**

**Per la granola:**

- Un po' di sciroppo d'acero
- Un po' di sale
- Un po' di cannella
- Un po' di spezie per la torta di zucca, se lo si desidera
- 2 cucchiai di fiocchi d'avena
- 1 cucchiaio di semi di zucca
- 1 cucchiaio di scaglie di cocco

**Per la ciotola di frullato:**

- 2 cucchiai di polvere di acai

- Facoltativamente un po' d'acqua o di latte vegetale

- Frutta fresca per guarnire (ad esempio mango, ciliegie o mirtilli)

- 2 banane congelate

- 1 manciata di frutti di bosco congelati (circa 150 g)

**Direcciones:**
1. Per prima cosa, preparare la granola.
2. Mescolare i fiocchi d'avena con gli altri ingredienti.
3. Poi mettere tutto in una padella a fuoco medio. Tostare il tutto finché non è fragrante.
4. Poi aggiungere un po' di sciroppo d'acero a fuoco basso e mescolare il tutto.
5. Quando tutto il liquido è sparito, togliere rapidamente tutto dalla padella e lasciare raffreddare.

6. Ora sbucciare e tritare tutti gli ingredienti per il frullato e inserirli nel frullatore.
7. Frullare a bassa intensità fino ad ottenere una consistenza cremosa.
8. Versare il frullato in una ciotola e guarnire con granola e frutta fresca a piacere.

## Pizza De Espinacas Con Queso

**Ingredientes:**

- 70 g de mantequilla
- 90 g de queso parmesano rallado
- 1 taza de queso suizo
- Espinaca congelada (al gusto)
- Sal y pimienta según sea necesario
- 1 taza y media de harina de almendras
- 170 g de queso crema
- 1 taza de mozzarella picada
- 2 huevos
- Polvo de ajo
- 1 cucharada de aceite de oliva

**Direcciones:**

1. Derretir la mozzarella y el queso crema en un bol durante 1 minuto en el microondas.
2. Mezclar el queso recién derretido con los huevos, la harina de almendras, el ajo en polvo, la sal y la pimienta.
3. Engrasa una sartén con aceite de oliva y distribuye la mezcla con ayuda de una espátula.
4. Hornea en horno precalentado a 220 ° C durante 10 minutos (esta será la base de la pizza).
5. Mientras tanto, hervir las espinacas y escurrir.
6. Derretir la mantequilla en una sartén y agregar el parmesano, sal y pimienta.
7. Mezclar las espinacas con la mezcla obtenida en el paso anterior y espolvorear sobre la tarta.

8. Finalmente, espolvorea con queso suizo y hornea por otros 8 minutos.
9. Disfrute de su comida

## Pastel De Espinacas

**Ingredientes:**

- 1 taza de nata
- 1 taza de leche de coco
- 1 cucharada de mantequilla
- Sal y pimienta según sea necesario
- 10 huevos
- 1 taza de espinaca fresca
- 1/4 taza de chalotas frescas picadas
- 1 taza de hojuelas de queso suizo

**Direcciones:**
1. Precalentar el horno a 180 ° C
2. Engrasar una sartén con un chorrito de aceite.

3. En un bol, bata todos los INGREDIENTES: (excepto el queso hojaldrado)
4. Verter la mezcla recién obtenida en la sartén previamente preparada y espolvorear sobre el queso.
5. Hornee en el horno durante 30 minutos.
6. ¡Disfrute de su comida!

## Batido De Plátano, Almendras Y Bayas

**Ingredientes:**

- 1 taza de bayas mixtas congeladas o fresas
- 2 tazas de leche de almendras
- 2 tazas de espinacas frescas
- 1 plátano congelado
- 4 cucharadas de mantequilla de almendras crudas

**Direcciones:**

1. Comience mezclando las espinacas con la leche de almendras hasta que alcance la consistencia deseada.
2. Agregue el plátano y bayas mixtas o fresas.
3. Continúe licuando y agregue la mantequilla de almendras crudas.

4. Vierta el batido en un vaso alto, sirva y disfrute.

## Sopa De Zanahorias Y De Puerros

**Ingredientes:**

- 3 cucharadas de aceite de coco
- Un puñado de perejil picado
- 1 lata de frijoles
- 6 tazas de caldo de verduras
- 2 ramitas de romero fresco
- 2 zanahorias
- 1 hinojo en rodajas finas
- 1 taza de col de saboya en rodajas finas
- 4 dientes de ajo picado
- Sal marina y pimienta

**Direcciones:**

1. Caliente una olla grande sobre la estufa a fuego medio-bajo.
2. Agregue el aceite y los puerros, el hinojo y las zanahorias y deje que los vegetales se cocinen o hasta que los puerros estén lo suficientemente suaves y ligeramente dorados.
3. Agregue el romero y el ajo y deje cocer durante un minuto más o menos.
4. A continuación, agregue el repollo y saltee por uno o dos minutos más.
5. Vierta el caldo de verduras en la mezcla y deje hervir.
6. Tan pronto como hierva el caldo, agregue los frijoles y cocine a fuego lento durante unos 15 minutos o hasta que todos los vegetales se hayan licuado.
7. Agregue el perejil en la sopa y sazone con sal y pimienta al gusto.

8. Vierta en tazones individuales, sirva y disfrute.

**Col Rizada De Ajo**

**Ingredientes:**

- 2 cucharadas de aceite de oliva
- 4 dientes de ajo, picados
- 1 puñado de col rizada, triturada

**Direcciones:**
1. Cocer el ajo y una olla de aceite de oliva a fuego medio.
2. Asegúrese de revolver el ajo mientras cocina.
3. Cuando el ajo se haya vuelto suave, tirar la col rizada.
4. Continuar revolviendo la col rizada mientras se cocina.
5. El plato estará listo cuando la col rizada se convierta en un tono de verde brillante.

## Ensalada De Brócoli

**Ingredientes:**

- 1 cucharada. mostaza de Dijon
- 1 cucharada. aceite de oliva virgen extra
- Pizca de sal marina.
- 4 tazas de tallos de brócoli, cortados en juliana.
- 1 cucharadita. semillas de apio
- Pizca de pimienta negra, a gusto.

**Direcciones:**

1. En un tazón grande , junte las semillas de apio, los tallos de brócoli, la mostaza Dijon y el

aceite de oliva. Condimentar con sal y pimienta.
2. Almacenar en recipiente hermético.
3. Colocar dentro de la nevera o hasta que esté listo para usar.

## Batido De Aguacate Y Espinacas

**Ingredientes:**

- ½ cucharadita de canela molida
- 1 cucharada de semillas de cáñamo
- 2 tazas de agua alcalina fría
- 2 tazas de espinacas baby frescas
- ½ aguacate pelado, sin semilla y picado
- 4-6 gotas de stevia líquida

**Direcciones:**
1. Agrega todos los INGREDIENTES: en una licuadora de alta velocidad y licúa hasta que esté suave.
2. Vierte el batido en dos vasos y sirve de inmediato.

## Batido De Pepino

**Ingredientes:**

- ¼ taza de hojas de menta fresca

- 2-3 gotas de stevia líquida

- 1 cucharadita de jugo de limón fresco

- 1½ tazas de agua filtrada

- ¼ taza de cubitos de hielo

- 1 pepino pequeño pelado y picado

- 2 tazas de vegetales frescos mezclados (espinacas, col rizada, remolacha), cortados y picados

- ½ taza de lechuga troceada

- ¼ taza de hojas frescas de perejil

**Direcciones:**

1. Agrega todos los INGREDIENTES: en una licuadora de alta velocidad y licúa hasta que esté suave.
2. Vierte el batido en dos vasos y sirve de inmediato.

## Sopa De Pepino, Aguacate Y Calabacín

**Ingredientes:**

- ¼ de taza de cebolletas frescas, picadas
- 1 aguacate maduro.
- 1 pepino, picado
- 1 calabacín, picado
- Jugo de ½ limón
- 2 puñado de hojas de espinaca
- 2 tazas de caldo de hongos
- Pizca de sal
- Pizca de pimienta

**Direcciones:**

1. Vierta las espinacas, caldo de champiñones, cebolleta, aguacate, pepino, calabacín, jugo de limón, sal y pimienta en la licuadora.
2. Procesar hasta que quede suave.
3. Vierta la porción recomendada en tazones y servir de inmediato.

## Patatas Con Chilles

**Ingredientes:**

- 2 cucharadas de azúcar morena
- ½ cucharadita de sal
- 2 cucharadas de aceite de oliva
- 4 camotes, en cubos
- 1 cucharadita de chile en polvo
- ¼ cucharadita de pimienta de cayena

**Direcciones:**
1. Precaliente el horno a 400 grados F.
2. Poner las patatas y el aceite de oliva en una bolsa con cierre.
3. Agregue el azúcar moreno, la pimienta de cayena y el chile en polvo. Mezcle bien y asegúrese de cubrir todo.

4. Transfiera a la fuente para hornear.
5. Colocar dentro del horno y hornear 45 minutos sin tapar.
6. Revuelva cada 15 minutos hasta que esté hecho.
7. Deje que se enfríe un poco antes de servir.

## Hamburger Ceci E Quinoa

**Ingredientes:**

- 1 cucchiaio di acqua di sorgente
- 1 cucchiaio di olio d'uva
- 1/3 di cucchiaino di sale marino integrale
- 1/4 di cucchiaino di pepe di Cayenna
- 2 cucchiai di cipolla tritata
- 1/2 tazza di ceci
- ¼ di tazza di quinoa cotta

**Direcciones:**

1. Accendere il forno, poi impostarlo su 190° e lasciarlo preriscaldare.
2. Nel frattempo, mettere la cipolla, i ceci, la quinoa in un robot da cucina e mixare finchè il composto diventa omogeneo.

3. Aggiungere l'acqua, il sale e il pepe di cayenna e pulsare fino a quando l'impasto si assembla.
4. Versare il composto in una ciotola media, coprirlo con il suo coperchio e poi lasciarlo riposare in frigorifero per 15 minuti.
5. Modellare l'impasto in due polpette, metterle su una teglia rivestita di carta da forno e poi cuocere per 20 minuti, girando a metà cottura.
6. Accendere la griglia e continuare la cottura per 2 minuti per lato fino a doratura.
7. Si possono servire le polpette con salsa tahini e insalata.

## Ensalada De Col Rizada

**Ingredientes:**

- ½ taza piñón mojado
- ½ taza de semillas de sésamo
- 1 cebolla roja a la mitad
- Aceitunas negras crudas
- ¼ taza de aceite de oliva o aguacate o Udo's Choice
- 1 puñado grande de col rizada
- 2 zanahorias
- 2 puñados de tomates cherry
- El jugo de 1 limón
- Una pizca de sal del Himalaya

- Unas pizcas de líquido amino Bragg o pHlavor

- Una pizca de pimienta negra

**Direcciones:**

1. Primeramente, corta en tiras finas la col rizada, ralla las zanahorias y corta los tomates a la mitad
2. Rebana la cebolla bastante delgada y corta las aceitunas a la mitad (asegúrate de que no haya semilla en las aceitunas)
3. Mézclalo en un bol grande con todo los demás
4. ¡Si estas en transición, puedes agregarle tomates secos, queso de cabra, etc. A la receta, aunque honestamente es deliciosa así como es!
5. Disfrútalo como plato principal o como una ensalada acompañante para tu plato principal

## Ensalda De Espinaca Y Ajo Rostisado

**Ingredientes:**

- 40 gramos de piñón ligeramente tostado
- El jugo fresco de medio limón
- 4 cucharadas de aceite de oliva extra virgen
- Sal del mar celta o del Himalaya
- 500 gramos de hojas de espinacas bebes, lavadas y drenadas
- 10 dientes de ajo sin pelar
- Pimienta negra recién molida

**Direcciones:**
1. Precalienta tu horno a 180 grados Celsius
2. Coloca los dientes de ajo en una paila pata tostar, añade 2 cucharadas de aceite y hornea por alrededor de 10-15 minutos hasta que los

dientes de ajo se hayan tornado ligeramente dorados y se hayan comenzado a suavizar

3. Coloca el ajo en un bol para ensaladas.
4. Añade el jugo de limón, piñón, espinaca, y el resto del aceite de oliva y sazona al gusto

## Delizioso Budino Di Riso Fatto Con Quinoa E Mandorle

**Ingredientes:**

- 1 pizzico di cannella macinata
- 2 cucchiai di mandorle a scaglie
- 2 cucchiai di fiocchi di cocco
- 2 cucchiai di miele liquido
- 100 g di lamponi
- 100 g di quinoa
- 300 ml di latte di mandorle

**Direcciones:**
1. Per prima cosa lavare i lamponi e scolarli.
2. Se si utilizzano frutti di bosco congelati, lasciarli semplicemente scongelare.

3. Versare la quinoa in un setaccio e poi sciacquarla bene con acqua.
4. Mettere la quinoa, il latte di mandorle e la cannella in una casseruola e portare a ebollizione lentamente a fuoco medio.
5. Poi lasciare sobbollire il tutto per 15 minuti.
6. Togliere la pentola dal fornello e lasciare aumentare il tutto per 10 minuti.
7. Poi versare il porridge in due ciotole e guarnire entrambe con 1 cucchiaio di mandorle e scaglie di cocco.
8. Aggiunger i lamponi e irrorare con un po' di miele. Mangiare mentre è ancora caldo.

## Muesli Alcalino Con Lamponi

**Ingredientes:**

- 6 cucchiai di fiocchi di arachidi biologici
- 2 cucchiai di semi di cedro tritati
- ½ limone biologico
- 2 banane mature
- 1 ciotola di lamponi

**Direcciones:**

1. Per prima cosa tagliare la banana a fette. Poi dividere le fette tra due piccole ciotole.
2. Aggiungere la metà dei lamponi.
3. Schiacciare gli altri lamponi in un'altra ciotola con una forchetta.
4. Poi mescolare i lamponi con il succo di mezzo limone.

5. Spargere i lamponi con il limone sul resto della frutta.
6. Aggiungere i semi di cedro e le scaglie di mandorle e mescolare il tutto. Il muesli per la colazione è pronto.

## Huevos Al Horno Con Batatas Y Mozzarella

**Ingredientes:**

- 1/2 taza de hojuelas de queso suizo
- 4 huevos
- 2 cucharadas de aceite de oliva
- 1 batata
- Sal marina y pimienta negra fresca al gusto.
- 1/4 cucharadita de pimentón (opcional)

**Direcciones:**
1. Precalienta el horno a 220 ° C.
2. Pincha los boniatos con un tenedor, envuelvelos en una capa de papel pergamino y ponlos a cocinar en una sartén.
3. Cocine por 45 minutos.

4. Saca la papa al horno del horno y déjala enfriar. Luego córtalo en rodajas finas.
5. Engrase la sartén con aceite y coloque las rodajas de camote encima de la sartén.
6. Romper los huevos sobre las rodajas de patata y espolvorear con queso, sal, pimienta y pimentón.
7. Regrese la sartén al horno y cocine por unos 3-4 minutos hasta que los huevos estén cocidos y el queso se haya derretido.
8. ¡Disfrute de su comida!

## Pasta De Verduras

**Ingredientes:**

- 1 puñado de perejil picado
- ½ cucharadita de hojuelas de pimiento rojo
- 3 dientes de ajo picado
- 3 cucharadas de aceite de oliva virgen extra (o aceite de coco)
- 1 paquete de fideos de algas marinas
- 1 lata de frijoles, escurrida y enjuagada
- 1 cabeza mediana de broccoli
- 1 puerro en rodajas finas
- Sal y pimienta

**Direcciones:**

1. Precaliente el horno a 400 grados.

2. Mezcle el brócoli con ajo, hojuelas de pimiento rojo, aceite de oliva virgen extra o aceite de coco y sal.
3. Ase toda la mezcla en el horno durante 20 minutos o hasta que las verduras estén lo suficientemente tiernas al tocarlas con un tenedor.
4. Mientras las verduras se tuestan, enjuague y escurra los fideos de algas y sumérjalos en una olla llena de agua caliente.
5. Mientras tanto, caliente 2 cucharadas de aceite de oliva o de oliva virgen extra en una sartén y agregue los puerros.
6. Cocine los puerros en la sartén hasta que se derriten.
7. Escurra los fideos de algas marinas y continúe cocinando agregándolos a los puerros derretidos.
8. Cocine juntos por otros 10 minutos.

9. Combine la mezcla de brócoli asado en la sartén. Agregue el perejil y el romero.
10. Agregue sal y pimienta al gusto en la mezcla. Mezcle los frijoles. Sirva en una ensaladera y disfrute.

## Ensalada De Coles De Bruselas Con Pistachos Y Limón

**Ingredientes:**

- ¾ taza de pistachos sin cascara
- Ralladura y jugo recolectados de un limón
- 2 cucharadas de aceite de oliva virgen extra
- 16 grandes coles de bruselas
- Sal y pimienta

**Direcciones:**

1. Rocíe el aceite en una sartén grande o wok y colóquelo en la parte superior de la estufa para calentar a fuego medio-alto durante unos minutos.
2. Agregue los pistachos a la sartén (o wok) y la ralladura de limón.

3. Saltee la mezcla durante un minuto entero antes de agregar las hojas de coles de bruselas.
4. Mezcle la mezcla hasta que las coles de bruselas estén lo suficientemente verdes pero aún crujientes.
5. Esto tomará aproximadamente 5 minutos. Exprime el jugo de limón sobre la mezcla.
6. Mezcle y sazone con sal y pimienta. Sirva la comida en una ensaladera.

## Quiche De Espárragos

**Ingredientes:**

- 1 1/2 taza de media crema y media
- Pizca de sal
- Pizca de pimienta
- 1/4 cucharadita de nuez moscada molida
- 2 tazas de queso suizo, rallado
- 1 clara de huevo, ligeramente batida
- 4 huevos
- 1 po y espárragos, extremos recortados
- 8 pulgadas, conchas de pastel de 2 piezas, sin hornear

**Direcciones:**
1. Precaliente el horno a 400 grados F.

2. Cocine los espárragos al vapor en una pulgada de agua hirviendo.
3. Tape y luego cocine hasta que esté lo suficientemente tierno y firme, lo que debería llevar entre 2 y 6 minutos. Escurrir bien y dejar enfriar.
4. En una sartén grande y profunda, cocine el tocino a fuego medio-alto hasta que las tiras estén completamente doradas.
5. Escurrir y luego desmenuzar. Dejar de lado.
6. Cepille las cáscaras de pastel con las claras de huevo.
7. Coloque los espárragos y el tocino desmenuzado en los cascos.
8. En un tazón mediano, mezcle los huevos, la nuez moscada, la sal, la pimienta y la crema.
9. Top espárragos y tocino con queso suizo rallado. Vierta la mezcla de huevo encima del queso.

10. Deje las cubiertas de la tarta descubiertas y luego hornee hasta que estén firmes, lo que debería tomar entre 35 y 40 minutos.
11. Dejar enfriar a temperatura ambiente. Servir.

## Ensalada De Col Rizada Y Masajes

**Ingredientes:**

- 2 cucharadas de miel
- Pizca de sal
- Pizca de pimienta negra molida.
- Aceite de oliva virgen extra
- 1 puñado de col rizada, quitar stal ks
- Semillas de calabaza tostadas.
- 1 mango, cortado en trozos pequeños

**Direcciones:**
1. Mezcle un poco de aceite de oliva, sal y col rizada en un tazón grande.
2. Ablandar las hojas de col rizada con un masaje en el aceite y los otros INGREDIENTES: . Eso llevará unos 5 minutos.

3. En un recipiente aparte, combine la miel y la pimienta.
4. Eso servirá de aderezo para la ensalada.
5. Combina la col rizada y el aderezo vertiendo la mezcla de miel sobre las hojas.
6. Adorne la ensalada con los fragmentos de mango y las semillas de calabaza. Mezclar antes de servir.

## Ensalada De Quinua Y Garbanzos

**Ingredientes:**

- 1 pimiento rojo mediano, sin semillas y picado
- 2 pepinos picados
- ½ taza de cebolleta (solo la parte verde) picada
- 1 cucharada de aceite de oliva
- 2 cucharadas de hojas frescas de cilantro, picadas
- 1¾ tazas de caldo de vegetales casero
- 1 taza de quinua enjuagada
- Sal marina al gusto
- 1½ tazas de garbanzos cocidos

- 1 pimiento verde mediano, sin semillas y picado

**Direcciones:**

1. En una sartén, agrega el caldo y hierve a fuego alto.
2. Agrega la quinua y la sal y cocina hasta que hierva nuevamente.
3. Baja el fuego y cocina a fuego lento durante unos 15-20 minutos o hasta que se absorba todo el líquido.
4. Retira del fuego y reserva aún cubierto durante unos 5-10 minutos.
5. Destapa y ahueca la quinua con un tenedor.
6. En un tazón grande, agrega la quinua y los INGREDIENTES: restantes y revuelve suavemente para cubrir.
7. Sirve inmediatamente.

www.ingramcontent.com/pod-product-compliance
Lightning Source LLC
LaVergne TN
LVHW011945070526
838202LV00054B/4812